NADINE BENICZKI

100 Dinge

DIE MAN IN EINER PSYCHIATRIE GETAN HABEN MUSS

novum pro

www.novumverlag.com

Bibliografische Information der Deutschen Nationalbibliothek:

Die Deutsche Nationalbibliothek verzeichnet diese Publikation in der Deutschen Nationalbibliografie. Detaillierte bibliografische Daten sind im Internet über http://www.d-nb.de abrufbar.

Alle Rechte der Verbreitung, auch durch Film, Funk und Fernsehen, fotomechanische Wiedergabe, Tonträger, elektronische Datenträger und auszugsweisen Nachdruck, sind vorbehalten

Gedruckt in der Europäischen Union auf umweltfreundlichem, chlor- und säurefrei gebleichtem Papier.

© 2023 novum Verlag

ISBN 978-3-99131-567-4
Lektorat: Thomas Ladits
Umschlagfotos: Gergely Zsolnai, Konstantin Nikiteev | Dreamstime.com
Umschlaggestaltung, Layout & Satz: novum Verlag
Innenabbildungen: Peter Leu

Die von der Autorin zur Verfügung gestellten Abbildungen wurden in der bestmöglichen Qualität gedruckt.

www.novumverlag.com

1. Durch einseitige Ernährung, hormonelle Störungen oder seelisches Ungleichgewicht den Körper veranlassen, sich „etwas" wachsen zu lassen

2. Freiwillig in eine Klinik eintreten oder durch eine offizielle Verfügung „eingesperrt" werden

3. Die Hausordnung lesen:

HERZLICH WILLKOMMEN
SIE SIND JETZT PATIENT!!!

4. Mehrere Tage im Isolationszimmer verbringen

5. Medikamente der Wahl nehmen und bei Bedarf auch spritzen lassen

6. Eine weiße Wand im Zimmer ohne Farbe bemalen

7. In der Kantine Essen auswählen, optional auch vegan oder vegetarisch

8. Mit unterschiedlichsten Personen das Zimmer teilen (Mind. 10 Pers.)

9. Als Mitfahrer einer Bekanntschaft Autofahren

10. Jemandem die Haare färben

11. Sich einen Kurschatten nehmen
(Insider für Klinikerprobte)

12. Mit Mobiltelefon spielen

13. Ohne Mobiltelefon sein (Mind. ¾ der Zeit der Aufenthaltsdauer)

14. Ergotherapie gehört dazu, falls man vergessen hat, dass man einkaufen gehen muss, wenn man essen möchte. Passiert schnell, da man in der Klinik Vollpension genießen darf.

15. Gemeinsames Kochen in der Gruppe nach Rezept und gemeinsam Zutaten einkaufen

16. Neues lernen: Gesellschaftsspiele ausprobieren oder Schach gegen sich selbst spielen, je nach Befindlichkeit

17. Sein Herz ausschütten und andere damit zum Weinen bringen

18. Künstlerisches Gestalten wird immer angeboten und darf nicht ignoriert werden. Der kreative Prozess bringt vieles hervor und die Werke lassen sich auch zu Geld machen oder dienen als Danksagung für besondere Pfleger und deren Dienstleistung.

19. Eine Skulptur oder einen Aschenbecher aus Keramik formen

20. Eine Stimmungscollage erstellen

21. Mit Farbe ein großes Plakat gestalten

22. Alleine Muffins backen ohne Rezept und die Küche für sich einnehmen. Diesen Akt musikalisch zelebrieren.

23. Blumen am Wegrand pflücken und verschenken, bitte nicht aus Vorgärten entwenden

24. Auf eine Leiter klettern

25. Einen Ohrwurm haben wie aus heiterem Himmel

26. Wandern gehen und sich nicht verlaufen
(Ziel/Zeit-Methode)

27. Keinen großen Koffer mitnehmen.
Oft ist auch ein
Klinik-Kleider-Fundus vorhanden.

28. Kleidung organisieren und dem Wetter
entsprechend angezogen sein

29. Ein 4-blättriges Kleeblatt im Garten finden.
Dies erfordert Zeit und der Raum ist vielleicht
durch einen Zaun begrenzt.

30. Die Zeit für das Rasenmähen
vom Gärtner stoppen

31. Aschenbecher leeren

32. Kleintiere füttern. Wenn kein angeschlossener Tierpark vorhanden, sind Katzen und Eichhörnchen auch sehr dankbar für eine Gabe.

33. Allein ins Kino gehen. Ausgangszeiten beachten und sich bei den Pflegern nach Gutschein erkundigen.

34. Gemüse und Obst ernten. Dies macht in kleinen und großen Gärten Spaß. Peer-Mitarbeiter wissen viel über Kräuter und pflegen nicht nur kleine Gärten, sondern auch gute Gespräche und sind Vermittler zwischen Arzt und Klient.

35. Eine Schokolade geschenkt bekommen

36. Einen Kaffee im Restaurant allein trinken

37. Das Schwimmbad nutzen. Hier reicht auch der Blick auf den Pool.

38. Den Gymnastik/Physio-Bereich nutzen und trainieren, bis die Beine weich werden.

39. Eigene, individuelle Angebote ausprobieren, wie z. B. Yoga, Pilates, Nordic Walking, ...

40. Sich ein Fahrrad ausleihen oder zumindest wissen, wo sie parkieren

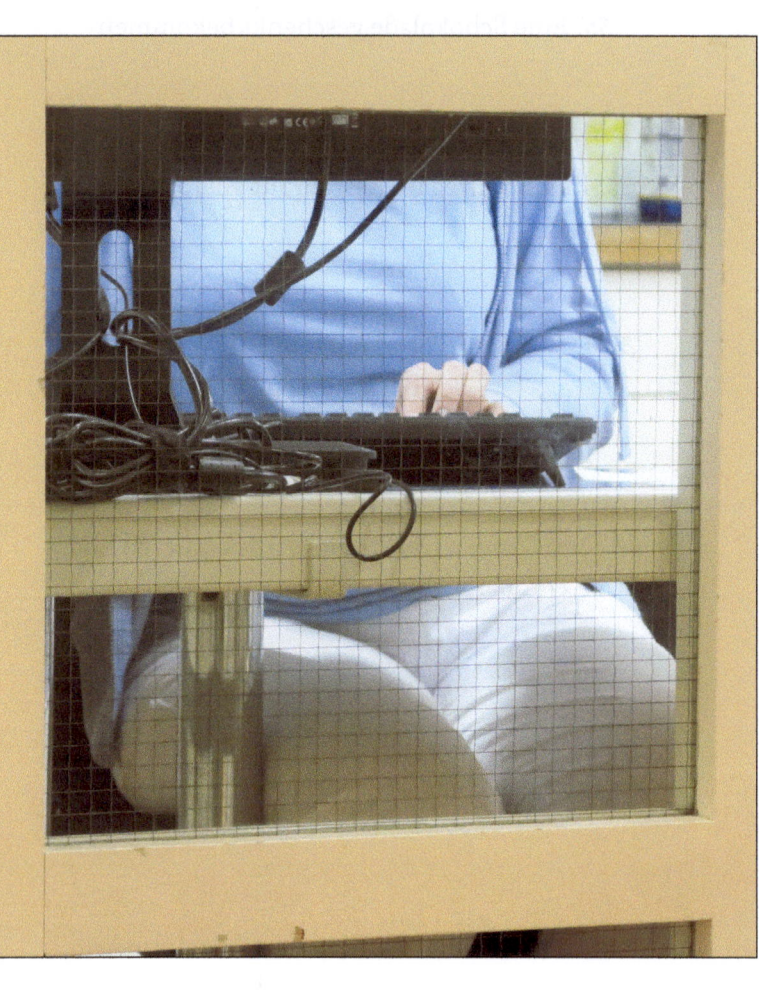

41. Mit wenig Geld auskommen

42. Einen Pfleger bitten, ein Mail an einen Freund gemäß Anleitung zu schicken

43. Man selbst benutzt nur den öffentlichen Computer, um zu studieren

44. Den Psychiater feuern

45. Einen Telefonsturm erleben
(Stationsapparate klingeln non-stop)

46. Tischtennis oder Tennis spielen

47. Ein neues Spiel erfinden, nicht vergessen,
die Regeln aufzuschreiben

48. Den Tag mit genug Pausen einteilen

49. Alle immer nett grüßen
(Dorfbewohner kennen das)

50. Vor allem die Busfahrer

51. Einmal Taxi fahren, aber wissen,
wohin und wann wieder zurück

52. Herzhaft weinen und lachen

53. Innere Monologe laut aussprechen

54. Einen Orgasmus laut faken oder zumindest nicht lachen, wenn jemand dies tut

55. Geld verleihen und dies nicht wieder verlangen

56. Zigarren oder Schokolade verschenken

57. Humor nicht verlieren. Witze erfinden aus wahren Begebenheiten heraus.

58. Alkoholfreies Bier trinken

59. Lieder nachsingen oder versuchen zu jodeln

60. Öfter an die Corona-Maske denken

61. Auf Sex verzichten und dies auch ganz formell unterschreiben

62. Neue mathematische Formeln für sich entdecken

63. Gespräche z. B. über Lyrik führen

64. Fachgespräche über Krankheitsbilder dolmetschen

65. Gesprächen über Spiritualität Platz geben,
siehe Punkt 34.

66. Bücher schmuggeln, von einer zur anderen Station
(Klinik-Komplexe sind in mehrere Stationen
unterteilt)

67. Freiwillig Unkraut jäten

68. Das Deo im Schrank vergessen
(aus Sicherheitsgründen nämlich nicht erlaubt)

69. Pediküre und Maniküre mit Nagellack

70. Das Bett frisch beziehen

71. Ein schönes Bild oder Foto aufhängen.
Zimmer oft sehr spartanisch eingerichtet.

72. Den Kompost entsorgen, immer auf Mülltrennung achten

73. Dem Wind lauschen

74. Stille ertragen

75. Jeden Tag dankbar sein

76. Nicht zu fest an die Familie denken, kein Gedankenkreisen zulassen

77. Einkaufstouren mit Geld-Limit

78. Sich Namen merken (Mind. 20 Personen)

79. Sich Telefonnummern merken und ein Auslandsgespräch übers öffentliche Telefonhäuschen machen

80. Zuvorkommend handeln und
auf die Bedürfnisse anderer Klienten eingehen

81. Einen Baum pflanzen

82. An einem Kraftort laut schreien

83. Mit einem Hund spazieren gehen

84. Einen Fehler finden wie z. B. das verdrehte Namensschild einer Pflegerin bemerken

85. Heimlich rauchen, auch bei Föhnwind (fakultativ)

86. Die Waschmaschine bedienen. Tipp: Man achte bitte auf die Waschzeiten, sonst den Nachtdienst ansprechen.

87. Blumenkästen streichen oder sich sonst bleibend verewigen

88. Konstruktive Kritik üben:
Zettel für Klinik-Verbesserungsvorschläge
(Qualitätsmanagement) ausfüllen
und mit zuständiger Person diskutieren.

89. Briefe schreiben und nicht unbedingt abschicken

90. Sich einen Anwalt suchen. Einfach nur so,
Visitenkarte reicht.

91. Andere Schicksale hören, wie z. B.
Drogeneskapaden der jüngeren oder älteren
Generation

92. Jemandem Mut zusprechen, dabei auch, wenn es erstmal schmerzt, den wunden Punkt treffen

93. Jemanden umarmen trotz Corona

94. Aufmerksam sein – Komplimente machen

95. Komplimente annehmen können

96. Vögeln lauschen, Flora und Fauna bewusst wahrnehmen

97. Erholsam schlafen.
Am Wochenende auch mal ausschlafen.

98. Kalten Kaffee oder selbstgemachten Tee einfach im Garten genießen.

99. Die Pfleger wertschätzen und für sich gewinnen, da Ausnahmen im Alltagstrott die Regel bestätigen müssen

100. Pläne machen und daran glauben

Hier ist Platz für meine Erlebnisse

Die Autorin

Nadine Beniczki wurde 1985 in Ostdeutschland geboren. Sie verbrachte ihre Jugend am Bodensee und lebt heute glücklich mit ihrem Mann und 2 Kindern in der Schweiz. „100 Dinge, die man in einer Psychiatrie getan haben muss" ist ihr erstes Werk.

novum VERLAG FÜR NEUAUTOREN

Der Verlag

> *Wer aufhört besser zu werden, hat aufgehört gut zu sein!*

Basierend auf diesem Motto ist es dem novum Verlag ein Anliegen, neue Manuskripte aufzuspüren, zu veröffentlichen und deren Autoren langfristig zu fördern. Mittlerweile gilt der 1997 gegründete und mehrfach prämierte Verlag als Spezialist für Neuautoren in Deutschland, Österreich und der Schweiz.

Für jedes neue Manuskript wird innerhalb weniger Wochen eine kostenfreie, unverbindliche Lektorats-Prüfung erstellt.

Weitere Informationen zum Verlag und seinen Büchern finden Sie im Internet unter:

www.novumverlag.com